발자취의 노래[跡歌]

우전雨田 최 원 철

다솜출판사

발자취의 노래[跡歌]에 붙여

나는 해변을 걷는다
애써 걸어온 길 뒤 돌아보면
파도에 씻겨지는 발자국이 애처롭다

시간이 과거를 지운다 해도
지나온 추억에서 슬픈 영혼의 흔적을 더듬어 본다

운명의 등에 떠밀려
핏발 선 눈빛으로
다른 길로 접어든 나를 발견하게 된다

후회스런 길 끝에서도
서성이는 마지막 발자취에
희미한 빛이 있음을 알게 되었다

항상 직진 하는 방향이라도
꺾이기도 하고 반사될 때가 있어
고정된 규칙만 있는 것은 아니었다

발자국이 남긴
곧 사라질 흔적이
욕망일까? 본능일까?
발자국도 발자취도 없는 눈사람
온기에 쉽게 녹아 버려도
허무하지는 않았다

태어나고, 사랑하고, 죽음에 이를 때까지
연기처럼 금세 사라지겠지만
과거에서 찾아낸 덧없는 발자취를
시詩로써
헝클어진 노래라도 부를 수 있음에
나는 행복하다

장시長詩로 서사시적敍事詩的 문을 두드리며
2022년 6월 일
최 원 철

차 례

제1장

●

발자취의 노래 [跡歌]

발자취의 노래 [跡歌] 1

– 출생의 노래 –

낮과 밤이 생긴 지 엿새 만에
나는 신神이 만들어 놓은 동산에서 길을 걷는다
먹음직한 나무 아래 잠시 쉬는데
세상으로 나올 것을 제안 받는다

미완성 작품인 나에게는 형체가 없어
스스로 할 수 있는 것이 없으므로
신神의 의견을 따르기로 했다

두려운 마음으로
형체를 갖기 위해
신神의 호흡을 받아들이기로 했다

도공陶工의 기술을 지닌 신神은
자신의 형상을 먼지투성이로 뭉쳐진 흙에다 짓이겨
나를 만들어 코에 생명을 불어 넣었다

아들 하나만 더 주시면
당신의 메신저로 바치겠다는
어미의 간절한 서언誓言의 기도가 이루어진 셈이다
1944년 1월 11일 추운 겨울
아이가 태胎에서 일어나 탯줄을 끊었다
신神이 준 세 번째 언약으로 태어났다

어미의 배 속에서
세상에 나오기가 너무 크게 자란 나
죽음과 맞바꿀 산고의 시간이 되었을 때
기어코 신神의 손에서 삶을 얻어 냈다

갓 태어나 잠에 취해 아무것도 모르고 있는 아이
강하고 담대하여
삼손과 같은 건강과 솔로몬 같은 지혜를 줄 것을
어미는 가슴을 더듬는 아기의 손을 잡고 축복을 빌었다

나는 고집 센 아이였다
한 번 울기 시작하면 그치지 않았다
세 살쯤 되었을 때
몇 시간 동안 울음을 그치지 않자
15살 위나 되는 형이 담 밖으로 나를 던져 버렸다
지나가던 장x포라는 건장한 사람이 나를 받았다

어떨 땐 내가 마음이 상해 오래 울면
예외 없이 어머니가 달래 주었는데
한번은 어머니가 모르는 척했다

몇 시간 울다 지칠 때
어머니에게 다가가서
"엄마 나 그만 울까요?"
"네가 울든지 말든지…." 돌아오는 말에
정말 내 어머니가 맞는지 의심도 했다

자라는 가운데
나는 겁도 없이 신神을 흉내 내며
모든 것이 내 것인 양
그의 아들처럼 건방진 자만심으로 속을 채워갔다

부끄러운 곳을 가린
햇빛에 부서질 잎을 벗기고
신神은 각자가 입고 살아야 할 진정한 옷을 입혔다
모든 두려움은 조금씩 열어 가고 있었다

인간을 차라리 흙으로 빚지 않고 황금으로 만들었다면
거기서 나오는 광채로 신神의 영광을 드러낼 텐데
지금쯤 신神이 후회할지 모르겠다

파피루스 성경에서
신神은 자기가 택한 백성을 강하게 단련시키는 것을
전설처럼 읽었다

우리 민족의 성姓과 이름까지 빼앗아 땅에 묻어버리고
영혼의 뿌리조차 뽑으려는
침략자들의 사악한 야욕의 틈바구니에서 살아왔다
신神이 왜 우리를 훈련 시키는지 알 수 없었다

우리가 식민지에서 벗어나기 위해
사악한 왜국倭國에 항거의 깃발을
방방곡곡에 심기 시작했다

34년 11개월 동안 우리 몸에서 짜내어 뿌린 피에
땅이 메마르고 피폐하였으나
사람들을 멸종치 않음은
칼을 사용해 남을 침탈하는 자는
반드시 그 칼에 스스로 망하는 진리가 있기 때문이다

나의 아버지는 제사장의 의복을 입고
겉옷을 자유의 사명감으로 기워 걸친 채
의분義憤을 신앙에 버무려
농촌계몽에서 혼신을 다하여

소리 없는 운동으로
질곡의 여정旅程이 시작되었다

의술이 후졌던 시기
각 가정의 아이들 반이나 병마에 죽음을 맞거나
극한의 노동과 전쟁에 내몰리어 희생되었다
첫 번째와 네 번째 아들은
가지에 무성한 잎을 달아 열매 맺기에 바쁘고
두 번째 딸은 예쁜 꽃을 피우기에 바빴다

드디어, 해방이 노도의 물결로 천지를 휩쓸어
자유를 찾은 이 땅
기쁨에 북받쳐 모두가 길가에 나와
서로를 부둥켜안고 울지 않았던가!

암울한 시대
우리에게 찾아온 독립이지만
혼란한 사고思考에 좌우로 갈라져
서로 다른 이념을 가진 채
잃었던 터전과 이름을 되찾기에 여념이 없었다

피의 냄새가 사라지지 않은 텅 빈 하늘 아래
피곤함을 피할 수 없어
맨발로 길을 걸어가기 시작했다

머리에 푹 덮어쓴 수건으로 부끄러움을 감춰가며
구걸로 한 숟가락씩 모아온 쉰 밥이라도
식구들이 서로 나누어 먹던 비참한 시간들
우리에게 저주 같은 운명으로 다가오지 않았던가!

수탈이 만들어낸 가난은
여인들의 곁을 떠나지 않고 맴돌며
괴로움을 주고 있었다

우리에게 남겨진 것은 왕겨 같은 가난과
보릿고개 뿐
채우지 못한 배를 움켜쥔 채 누구에게 원망할 겨를도 없었다

따가운 세월이 피부에 파고들어 주름에 한恨을 맺고
달이 해를 파먹는 개기일식과 같은 날들
입에는 원한 서린 아리랑이 고통스럽게 흘러나왔다

평화롭게 살던 우리에게 흘리게 만든 피눈물
양심의 가책도 없이 몹쓸 짓 한 침략자들
어찌 더 이상 이 땅에 발을 들여놓게 할 것인가?

어둡고 아픔의 시간이 채 가시기 전
정신을 차릴 겨를도 없이
6월 25일
동족상잔의 먹구름이 날개를 펴 엄습해옴으로
우리의 가슴을 두려움으로 꽉 차게 했다

숨을 가쁘게 몰아쉬며
포탄 사이를 이리저리 피해 다녀야 하는 슬픔이
우리에게 한恨 서린 옷을 입히고
고통을 가슴에 묻어가며 살아가는 데 익숙하게 되었다

영혼을 잃어버린 시체와 녹슨 철모는
눈물조차 말라버린 산야에 누워 뒹굴고
낙동강의 붉은 강물은 옅어 지지 않았다

어린 나는 자유의 큰 물결이 바깥에서
밀려오는 줄도 모르고
황량한 비탈길을 낯설게 걸어 올라갈 뿐이었다

소처럼 뜯어먹을 풀이나 소나무의 내피도
동이 나기 시작했고
입으로 들어간 산은 나무나 풀이 없는 민둥산이 되었다

영양 결핍에 부풀어 오른 어린아이들의 배는
푸른 핏줄들이 엉성하게 드러나고
가난과 수난이 민족의 몸속에서 꿈틀 거렸다

가난에도 부함에도 처할 줄 안다는
듣기에 근사한 언어
바르게 처신한다는 것이 얼마나 어려운가를 실감하지 않을 수 없다

배고픔에 쫓겨나는 체면
부유함에 달라붙는 교만
이 땅에 극과 극을 함께 다스릴 현자賢者가 몇이나 있을까
절망의 생각들도 의식을 잃어
우리의 마음속에 제멋대로 드나들었고
앞을 알 수 없는 막막한 길 끝에는
절벽조차 입을 벌리고
우리를 삼킬 형국이었다

이때
세계 여러 나라에서
구호품으로 우리를 연명하게 했다

이런 일은 약한 나라에서 흔히 볼 수 있듯이
우리들은 스스로 일어설 잠재력을 가지고 있어도
이를 깨닫지 못하고
얻어먹는 일에만 충실하게 익숙해져갔다

손에 쥔 것 없어도 공허한 하늘을 쳐다보며
비상의 나래를 폈다 접었다 하는 여유를 가지려
애를 쓰기 시작했지만
사람들은 모든 운명을 하늘에 맡기려는 의지로
마음이 점점 쇠약해져 갔다

태양 아래서 되새김질하며 졸고 있는 소처럼
처해있는 현실 환경에 만족할 것이 아니라
가혹하고 지긋지긋한 삶의 고비를 넘어온 길에서
어린아이가 걸음마를 배우듯
모든 것을 내려놓고 출발점으로 회귀하지 않고는
뛸 수가 없었다

새로 뛰어야 했다
죽을 힘 다해 애를 썼다
타고 난 연탄재[灰]나, 끊어낸 머리칼을 모아 수출의 길을 열었다

가난의 족쇄를 풀고 일어난 일
일일이 열거하지 못하나
진정한 삶을 위해 달려야만 하는 것만 선택해야 하는 것이 분명했다

두려움으로 적셨던 지난 시간은
어둡고 깊은 골짜기를 지나
드디어 초원이 펼쳐져 있는 언덕에 이르렀다

새 세상의 아름다운 문을 열기 위해
우린 다시 태어나야 했다

발자취의 노래 [跡歌] 2

- 신神과 악마의 노래 -

선택된 인간들이여!
비극을 들고 무대에 올라 뱀처럼 똬리를 틀고 고통을 즐겨라

신神과 서언誓言에서 태어난 사내아이
어린 눈으로
믿기지 않는 현상들을 많이 경험하게 된다

영적 세계의 그림자일까?
자연에서 나타나는 실존적 현실일까?
가끔, 풀리지 않는 의문이
마음속을 배회하고 있었다

어린 시절
경산군 진량면 봉회교회에서 겪었던
무당과 잡신雜神 사이에서 일어난 일이 잊히기 전
나의 이야기는 여기에서 멈출 수 없다

희망도 미래도 볼 수 없는
국민(초등)학교 3학년밖에 되지 않는
어린 눈에는
무당의 대나무가 여러 병病에 쓸모 있는 나무 같았다

동네 사람들이 둘러싸 있고
가운데 한 남자가 대나무를 서서 잡고 미친 듯 흔들 때
무당은 굿판을 벌였다

가끔, 정신을 잃은 듯
대를 잡고 정신없이 뛰는 남자 곁으로
내가 호기심을 가지고 가까이 갈을 때
그 남자는 갑자기 서버리고
굿은 멈추어져 버렸다

이때, "야소(예수)쟁이 있으면 나가라"고 고함치는 무당
두려웠고 충격적이었다
내가 물러가자마자 남자는 다시 대나무를 마구 흔들고
무당은 더욱더 칼춤을 심하게 추었다
한恨을 털어내는 행사 같았다

내가 그 자리를 피하자
중년 남자가 잡은 대나무가 다시 흔들리고

무당과 나
반복되는 이런 현상에
귀신은 나를 적대시하고 무서워하는 듯했다
선善과 악惡의 영靈들이 오르내리며 서로 다투는 장소처럼 느껴졌다

신神이 나의 친구가 되어
발걸음을 보호해 주는 날개 가진
든든한 천사 같았다

누구라도 겪을 수 있는 이 놀라운 경험으로
사악한 늪에서 헤어날 수 있다면
행복해지지 않을까

병마로 죽음에 직면하더라도
영혼이 먼저 깨어 일어나
어두움을 이겨내어
다시 태어난다면
이보다 더 행복한 일이 어디에 있을까

국민(초등)학교 5학년일 때
성주군 선남면 동암교회로 이사 간 나는
점점 두려운 호기심 속으로 빨려 들어갔다

신神 내림을 받거나 신神들린 것도 아닌데
신神은 어찌하여
또다시 이러한 증거를 왜 나에게 보여주었을까?

전도하는 아버지께 담 너머에서 욕하던 여인
야소(예수)쟁이 라고 빈정대는 욕이 끝나자마자
그녀는 귀신이 들려
일그러진 얼굴에 흰 눈동자를 희멀겋게 뜨고
짐승 같은 얼굴로
귀신 들린 사람이 되었다

그녀의 이름은 도x덕
70년이 훨씬 지난 지금에도
나의 기억에서 지워지지 않는다.

무당에게 굿을 해도 소용이 없었고
이 병원 저 병원 여러 정신병원을 드나들어도
낫지 않던 병
결국 찾아온 마지막 발걸음은 교회였다
일곱 귀신 들린 막달라 마리아가 생각났다

그 교회에서 신앙심 깊다는 수석首席장로가 그녀에게 다가갔다
아, 이 일을 어찌하랴!

그 여인은 히죽히죽 빈정대는 웃음으로
장로가 구호품을 몰래 빼돌린 일과
몇 가지 추잡한 일들을 뱉어냈다

귀신 들린 여인과 전혀 알지 못할 뿐 아니라
보거나 만나지도 않았던 장로인데
어떻게 그의 행실을 알고 귀신들린 여인이 말할 수 있었을까?
아무리 귀신의 위력을 부정하려 해도
이 사실을 부정할 수가 없었다

나는 어린아이였고
정상적인 눈으로 보고 체험한 이 일을
거짓으로 기록할 수가 없다

신神은 마술사같이
육체에 영혼을 집어넣었다가 빼낼 수 있는 기술로
우둔한 인간을 다스리는 재주를 가졌을까?
시간을 접었다 폈다 하는 무한의 능력자일까?
어쨌든 두려운 존재인 것은 틀림이 없었다

새벽마다 4킬로 밖에서 기도하러 오는
등이 굽고 소박한 늙은 여인
귀신 들린 여인 앞에 나타나 기도하기 시작했다

귀신 들린 여인이 떨며 기겁하는 모습은
무서움과 호기심으로
내 가슴을 두드렸다

몇몇 교인들이 귀신 들린 여인을 위해 수없이 찬송하고 기도한 지 약 일주일쯤 되었을 때다
"내일 새벽종이 울리면
내(귀신)가 도x덕 (여인의) 몸에서 나가겠다"고 말했다

아, 나는 기적 같은 일을 보았다
새벽기도 종소리에 여인은
간질 환자처럼 거품을 물고 일어섰다가 넘어졌다
약 10여 분 후
파멸의 늪에서 빠져나온 듯
자리에서 벌떡 일어선 그 여인
십자가와 성경을 가슴에 끌어안고 참회의 눈물을 흘리며
정상인으로 돌아왔다

아침 햇살에 꽃잎을 여는 꽃처럼
그녀의 입에서 희망의 언어가 피어나고
다소곳이 기쁨을 누리는 나날이 되었다

한 달 후쯤
친구의 병이 다 나았다는 소식을 들은 이웃집 친구
동짓날이 되어 팥죽 한 그릇 들고 찾아왔을 때
병이 나은 여인은
친구가 주는 그릇을 받아 들고 감사기도를 하였다

이런 낯선 모습을 본 그녀의 친구
"야, 너 왜 이래! 미쳤니?'

빈정대는 말이 채 끝나기도 전에 "으악!" 소리치며
찾아온 친구인 박x숙 여인에게 귀신이 옮겨 붙었다
앞서 친구와 똑같은 증상의 길을 걸었다

악령을 이기고 새로운 삶을 가진 여인
조금도 주저함 없이
귀신이 나간 그 자리에 성령으로 채워 넣었기 때문이다

병에서 자유케 된 여인의 가슴에서 나오는 믿음이
그 여인의 마음 문을 지키고 있었다

두 번째 귀신 들린 여자는
시가집 윗대에
자살한 조상의 영혼을 불러내어

조상들이 저질렀던 나쁜 짓들을
모조리 뱉어냈다
모두가 두려움에 떨었다

이런 현상을
생화학적이나 뇌과학적으로
정신병과 다르다는 것을
어떻게 사람들을 이해시킬 수 있을까?

귀신은 인간의 나쁜 일에만 관여하고
도덕과 질서를 파괴하는 짓만 하는 것일까?
나는 사고思考의 한계점 이상으로
점점 의문이 많아졌다

아이가 어머니의 태胎에서 나와
땅에서 방황하다가
언젠가는 영원히 돌아오지 못할
신비가 가득한 곳으로 떠나야 할 운명이라면
이것이 슬픔일까 다행스러운 일일까
개념이 서지 않는다

나는
작은 자연현상에서도 곧잘 감동하고

신神의 위대함을 찾으려 애쓰는
무지한 나그네일지도 모른다

해가 기울수록
아름다운 노을빛에 물들어가는 뭉게구름이
다음 세상의 황홀한 문을 열 것 같은
환상을 가지는 광경을 한번 생각해 보면 어떨까?

우리가 알지 못하는 신神을 이해하려는 노력이
신학으로
과학으로
지혜의 한계점을 뛰어넘는다 해도
영靈의 세계를 찾아 헤매는 외로운 방랑자가 되어
신神의 원천적 발생지를 결코 찾지 못하고 있는 것이 아닌가!

문명이 발달하고 세월이 갈수록
신神과의 대화와 계시가 많아야 할 텐데
더욱 멀어지는 신神과의 거리는 무엇으로 변명할까?

물론 원죄 때문이라고 말하겠지만
점점 고뇌 속으로 빠져들고 있다

나는 신神이 주는 생기를 들이킬 줄만 알았지
타인에게 불어넣을 능력이 없어
그저 들어오는 호흡을 받아 내쉬기에 바쁠 뿐이다

발자취의 노래 [跡歌] 3
- 섭리의 노래 -

삶의 준령峻嶺 너머에는
굳건한 믿음도 있고
올바른 진리가 펼쳐져 있으므로
지금 입고 있는
때 묻은 옷을 벗어야 들어갈 수 있다

산 이쪽 아래는
계곡을 낀 초가집들이 다정하게 엎드려
광합성작용을 하는 잎처럼
예쁜 삶의 모습들을 연출하고 있었다

방과후 학교에서 돌아온 철부지 아이였던 나는
손끝에 장난기를 놓치 않았다

어린 나이기에 파브르의 곤충기를 읽지 않아도
개미나 벌, 호수 위를 날아다니는 왕잠자리나

논에 사는 장수 노린재를 잡아
땅을 오목하게 파서 집을 만들고 유리로 덮어
곤충들을 도망가지 못하게 해 놓고 관찰했다

곤충들의 울부짖는 소리를 알지 못하기에
나의 기분에 따라 자유를 주어 놓아주기도 하고
가두어 굶기기도 하였다

창조의 그늘에서
곤충들도 신神의 걸작품에 포함된다는 것을
후일에 알았지만

안타깝게도
곤충들의 언어와 나의 언어가 틀려
소통하지 못하는 것이 오히려 큰 다행한 일인 것 같았다

모든 것을 창조하고 다스리는 분의 뜻을
받아들인다는 사고思考는
각 사람의 종교나 사상의 의식에 달린 듯하다

나는 다행히도
도회지에 전통 있는
기독교 계통의 중고등학교에 입학하였다.

어머니의 기도로
언젠가 영적 눈을 뜨게 될
막연한 희망이라도 품게 된 셈이다

교통이 원활하지 못한 시대
약 10킬로 거리나 되는 학교엘 걸어 다녀도
기쁨과 자신감으로 내 가슴은 뛰고 있었다

깜깜한 밤 열 시
통행금지 시간이 다 될 무렵
집에서 3킬로 떨어진 곳까지 도착한
나
비는 내리는데
길옆에 허연 짐승이 누워있는 듯 했다
두려움을 용기로 바꾸어
살금살금 다가가 세차게 엉덩이를 걷어찼다

공동묘지 옆이라 무섭고 긴장한 탓에
있는 힘을 다해 찼다
어찌 된 셈인지 내 발끝에 강한 통증을 느꼈다
아뿔싸 큰 돌이었다

더 높은 곳을 향하여
매일 마다 오르내리는 50계단 끝에는
면류관같이 생긴 본관에
“하나님을 경외하는 것이 지식의 근본이다”라는 표어가
6년의 세월을 보내며 외우던 교훈이었다

고교 시절
소설 ‘대지’를 쓴 펄 벅 여사의 강연을 들었을 때
내일의 찬란한 여정의 문을 열어
어린 나를 새로운 세계로 이끌었다

그녀는 한국을 좋아하는 것 같았다
저녁노을이 깃들 때
주인이 소에게 짐을 지우지 않고
대신 지게에 짐을 얹어
소의 뒤를 따라가는 풍경이
아름답고 인상적이었다고 했다

그 이후
나는 도서관에 있는 많은 책을 읽게 되었고
내 핏속에 서정이 스며들어
문학에 물들기 시작했다

때때로
그림을 그리기도 하고
금관 악기인 호른을 불기도 하였으며
사진도 찍어보고
시시각각 변해 가는 취미는
생명현상에까지 담을 넘어갔다

그때는 원하는 대학에 들어가기 위해
몇 년을 다시 공부해서 입학하는 일은
상상하기 쉽지 않은 시기이기에
나는 지식에 발돋움하고 싶었다

가난을 이겨내며
실력을 쌓는다는 것은
열심을 다 하는 노력과 경제적 능력뿐 아니라
미래를 바라볼 수 있는 부모나 지도자의 안목이
필요한 시기였다
대부분 사람은 무리하고 추한 욕심을 가지지 않았다

하늘 끝까지 닿을 상아탑 안에는
미래가 분명하게 보이지 않았지만
감미로운 자연의 모습이
나를 싱그럽게 해 주었다

깊이 파고들수록
대학의 삶에 파고가 높은 줄 몰랐던 나
깊어지는 탐구욕으로 연구실 생활에 익숙해 갔지만
가끔 내면에서 싹트는 좌절의 소리에
참으로 견뎌내기 쉽지 않았다

기억하기 싫은 일이지만
힘없는 자를 입맛대로 다스릴 권력을 가진 듯
학문의 고갯길에는
많은 어두운 복병이 도사리고 있었다

짙게 깔린 끕끕하고 불쾌한 욕정으로 다가오는 늑대는
새총에서 나오는 작은 돌 같은
어설픈 총알만은 다 피해 갔다

나는 외국에서 희미한 햇살이라도 한 움큼 안고 와서
우리네 산과 들에 펼쳐 있는 안개를
사라지게 하고 싶었다

시기猜忌와 경쟁의 태풍 속에서도
각자 주어진 일생을 아름답게 다듬어 살기를 원했다
시간에 얽매이지 않고
공간의 벽을 허물 수 있다면

시련이 무색하게 존재하지 않을 수 있고
괴로움도 없엘 수 있지 않는가?

이별이란 헤어지고 난 뒤
또다시 영원한 이별이 기다리고 있기에
'이별'이라는 그 단어 뒤에는
왜 이리 괴로움이 연속성을 가질까?!

나는 모 대학에 취직해서
행복하게 살아야겠다는 희망을 안고
저녁 늦게 돌아온 집
기쁨은 온데간데없고
기다리고 있는 것은 고요뿐이었다
눈물이 누웠던 자리에 슬픔이 통곡하며 앉아있었고
미칠 것 같은 회한이
나의 삶의 방향감각까지 혼란하게 만들었다

방긋방긋 웃으며 세상에 나온 지 겨우 3개월
아무 잘못이 없는 아이를 죽음이 껴안고 있다니
나는 미칠 것 같았다
이것은 30세인 나에게 큰 시련이었고 형벌에 가까웠다

아, 어디 슬픔이 이것뿐이겠는가
영원한 이별이었기에
실의와 좌절이 함께 오지 않았던가!
그 누구와도 보거나 만나기조차 싫어졌다

왜 나에게는 용기와 자신감이 오지 않고
한탄과 두려움만 찾아오는 것일까?
태양 빛이 내릴 때 모든 잎들이 고개를 들고
하늘을 쳐다보며 담을 오르는 담쟁이가 부러웠다

행복을 추구한다는 사치스런 생각일랑 접어두고
나 혼자
가기 힘든 먼 나라를 향해 빈손으로 비행기에 올랐다

오직 연구에 몰두하여
조금이라도 내 마음에서 슬픔을 밀어내고 싶었다
연구에 몰입하는 생활로 하루하루를 채워갔다
새로운 환경에서 슬픔과 답답한 마음은 사라지고
신선한 공기와 울창한 숲
진실과 순박함이 서려 있는
라인강이 흐르는 라인란드팔즈에서
나의 기쁨이 되살아났다

겨울 정원에 쌓인 눈을 뚫고 솟아오르는
하얀 크로커스의 꽃이 순결하게 피는 것을 보고 기뻐하며
나에게 보여주던 독일 주인집 할머니의 인자한 모습이 다가
왔다

나를 정겹게 맞이하던 노란 미나리아재비꽃이 피어나는
봄의 들판은
꿈속 같은 곳
독일의 라인강은 온통 사랑의 강물만 흐르는 것 같았다

신선한 공기를 뿜어내는 숲속에
나의 연구실이 기다리고 있었고
과학에 갈증을 느끼는 온갖 사람들이 모여드는
지성의 전당이 펼쳐져 있지 않은가!

신기한 것은
매우 작은 세포 안에 운행하는 우주의 현상을 찾아내기 위해
수많은 기계와 석학들이 켜놓은 연구실 불빛이
숲속에서 꺼지지 않고 퍼져 나오는 광경은
항상 나를 감명케 하였다

아주 미세한 세포 속에
상상 이상으로 질서정연한 규칙에 따라

바쁘게 돌아가는 생산공장과 같은 리보솜이 있고
청소차인 리소좀 등
자연에서 살아 움직이는 생명의 메커니즘 현상을
전자현미경이 나에게 보여주었다.

이 속에서
가장 작은 것이 가장 큰 것과 같다는
이상한 법칙을 느끼며
혼자 무릎을 쳤다
아, 여기에 신神의 섭리가 숨어 있구나!

놀랍고 찬연한 질서가 있는
신神의 신비가 가득한 우주의 섭리를 증명하기 위해
과학이라는 학문이
숲 속 어둠을 헤집고 나오려 애쓰는 것 같았다

미세한 물체의 구성 원소가 어둠 속에서 흐트러질 때
질서는 소리 없는 고요함에서 이루어지고
상상할 수 없는 파괴력으로
폭발하거나 융합하기도 한다

이러한 힘에 수많은 별이 늙어가기도 하고
새로운 별로 탄생하기도 하는

자연의 놀라운 섭리 때문에
나의 눈은 점점 자연과학으로 고정되어갔다

내가 있었던 실험실에는
지식의 마그마가 산꼭대기에 화산으로 뿜어 나오듯
신비의 가까운 정보들이 솟아나고
자만自慢의 욕구가 가슴에 찰 때까지
부끄러움을 잊은 채
탐구하는 욕심으로 지식의 광맥을 찾고 있었다

아직도 심연에서 끓어오르는 탐구의 갈망은
좀처럼 식지 않고
파헤쳐지는 구멍으로 학설이란 도구를 넣어
숨어 있는 비밀을 조금씩 집어 올리고 있었다
자연에는 감춰져 있는 것이 너무 많아
이런 것이 아무것도 아닌 양 계속 침묵을 지키고 있었다

보이는 것에서
보이지 않는 원리를 끄집어내는 습성에 길들어 가는 나는
나타나는 현상을 모으기에 바빴다

아, 눈으로 잘 보이지 않는 세포의 무리 속에서
생명이 살아 꿈틀거리고

위로부터 귀하게 물려받은 유전적 암호를
다음 세대에 전하기 위해
자살하는 세포가 있음을 발견하였다

세포가 자살하다니!
놀라움을 금치 못했다

난세포가 급격히 자라는데 필요한 물질을 공급하기 위해
주위의 여포세포들은 스스로 죽어
자신이 가지고 있는 모든 물질을
흔적을 남기지 않고 사멸해 가면서
옆에 놓여있는 난세포에게 다 줘버리는 희생을 보며
놀라지 않을 수 없었다

지속적인 삶이 일어나는 현상에 대해
나는 마땅한 말을 찾지 못해
최초로 이름을 퇴화 물질에 의한 퇴화 과정이라고 이름을 붙였다

몇 십 년 후 다른 나라 학자들이 세포자살(cell-apoptosis)이라는 이름으로 노벨상을 받다니!
시간을 타고 사정없이 달리는 운명을 가진
나는
참으로 허탈하게 쳐다볼 수밖에 없었다

파고 파도 끝없이 전개되는 신비의 물음표에 답을 찾아내면
넓고 많이 안다고 박식博識해지는 것이 아니라
큰 우주의 섭리를
바늘구멍보다 더 좁게 파고들어야 보이는 세계가 이채로웠다

그래서 천국에 들어가는 것이
낙타가 바늘구멍으로 들어가기보다 더 어렵다고 말했는지
모른다
나는 박사博士가 아니고 협사狹士가 된 느낌이다

시간은 바람을 타고 빠르게 지나
나무에 꽃이 피고 열매 맺 듯
마음속에 두고 온 사랑하는 사람들에 대한 그리움이
뭉게구름처럼 피어났다

태양 빛으로 하늘을 가득 채운 어느 날
실험실의 고달픈 일을 끝내고
귀향하는 벅찬 가슴에 기쁨이 사뭇 용솟음쳤다

해와 달과 열한 개의 별들이
소외당했던 어린아이를 향하여 절을 하는 꿈이
현실로 이루어지듯
주위의 모든 것이 나를 보고 절하는 것 같았다
나를 위해 있는 것 처럼…

발자취의 노래 [跡歌] 4

- 상아탑의 노래 -

나는 겉모습이 멀쩡한 채
허술한 삶의 지팡이를 짚고
상아탑 성城안으로 들어갔다

무겁고 거추장스러운 짐을 지고
학생들 사이를 비집고 들어섰다
나의 보따리 속에는 쓸만한 지식과 자존심으로 꾸려져 있었다

우뚝 솟은 상아탑 속에는
세월이 지날수록
따뜻하고 어진 성품으로 단련되는 구성원들만큼
사랑과 존경을 받는 인격자가 되는 값진 것은 없다

높은 산꼭대기에 머물며 휘감고 있는 구름 같이
흘러간 이태영 총장
누군가가 다르게 평할지 모르지만
나는 그분을 내 마음속에 모셨다

그의 의견을 따라
상아탑에 조심스레 발을 들여놓고
그분의 나래 아래
가지고 온 짐을 풀었다
그의 빛은 너무나 밝았다

무척 다정하고 부드러웠기에
그의 빛이 강한 것이 전부가 아니라
그가 희망하고 기대하는 인자함에
견디기가 어렵도록 송구했다

정情보다 지식에 대한 욕심이 앞서자
가장 심오한 고독들이 내 발아래 모여들면서
발목이 시려 오기 시작했고
구름이 흘러가듯 인자한 그분의 곁을 떠나
오히려 힘들고 쓰라린 방랑의 길을 택했다

어느덧 혼란 속에 그분의 형상도 사라지고
후회가 따가움으로 다가 올 때
그는 이미 우리의 곁을 떠났지만
얼음 산이 녹아내려 사라져가듯
나는 깊은 생각 속에서 살아가게 되었다

새로운 희망의 자리를 찾아 나서는데
양의 탈을 쓴 늑대가 길을 막아섰다
내가 겪어야 할 고행길이라 생각했지만
덫을 놓은 함정 속으로 밀어 넣으려는 잔꾀가 보였다

자신이 저지른 추함을 가리려고
독사가 품은 독액 가득한 미소로 다가와
심장을 물어뜯고 독을 주입 시키는 배신이 일어 났다
가장 가까운 곳에서 일어나는 현상이었다

가끔 왕들은 신하의 명성이 높아가면
옆 나라로 사신의 자격으로 보내
그 나라에서 죽게 만드는 역사의 흔적을
많이 읽어 왔다

바로 이와 비슷한 일이 일어나
내 기억 한편에
이런 추한 사실이 나의 뇌세포에 기록되어있다
무섭고 추해 보였다

다행히도
'행운'이라는 단어가 나타났다
신神이 나를 인도하는 것 같았다

충분히 피할 기회가 주어졌다
용케 피했다

불행이 아무리 겹쳐온다 한들
신神의 선택으로 태어났으니 감히 누구든지 나를
위협하지 못하리라는 생각에
두려워할 필요가 없었다

어둠의 올가미에서 벗어날
한 가닥의 빛을 뽑아
더 밝은 미래를 엮기 위한 언약의 무지개가 펼쳐져
부산이 제2의 고향이 되었고
생명의 신비를 캐낼 기회가
내 손에 쥐어졌다

신神은
태초에 창조한 비밀에 대해 보여줄 것이 많으니
의심을 버리고
열심을 다 하라고 귀띔해 주며
나의 등을 두드려 용기를 내게 했다

세월은 늙지 않으나
그 위에 사는 인간이 늙어갔다

나를 데리고 신비한 죽음의 계곡을 보게 하였는데
그곳은 고난과 비통의 별들이 떨어진 계곡이었다

1983년 4월 1일
죽음 없이 영원히 살 수 없는 이 땅에서
죽음의 계곡을 지나 하늘나라의 성스럽고 거룩한 곳으로
아버지는 자리를 옮기셨고
그 이듬해 11월 16일 형님도 뒤를 따랐다
두 분은 모두 성직자였다

나는 허무와 영원永遠이 겹치는 슬픔을 가슴에 묻고
세상에서 가장 큰 명패를 두른 사람들이 모인
집단에 끼어들게 되어
기쁨의 눈물이 별처럼 빛났다

자연 속에서 신神의 비밀을 캐내는 도시
미국 메릴랜드주 베데스다에 자리 잡은 NIH에서
온 세계 사람들이 모여 밤낮 불을 밝히는 데 참여하게 되었다

신비스런 생명현상의 과정을 밝혀내기 위해
온갖 모양의 열쇠를 가지고 비밀의 자물쇠를 열려는 열정이
도시를 후끈하게 달구고 있었다

모든 연구가 어두운 질병에서 허덕이는 사람들에게
한 줄기 빛이라도 줄 수 있다면
이 일이 어찌 보람된 일이 아니겠는가!

고국으로 돌아온 나는
흩어진 세포의 신비를 열정의 실에 꿰어
목에 두르고
젊음을 오래도록 지속할 시대의 문을 열고 싶었다

새로운 아침을 맞이하며
내가 쌓아 올리는 빈약한 성城에서
신선한 호흡으로 숨을 쉴 수 있게
사기를 북돋아 주는 이가 걸어오고 있었다
그는 문인이었고 정치가였던 안건일 회장,
평온하고 여유로운 마음으로 나를 사랑으로 묶어
자연의 비밀의 문 안으로 점점 깊게 들어설 수 있게 만들었다

높은 덕망과 인격을 갖춘 그분은
세포 속에 감춰 있는 비밀을 캐는데
나의 손을 꼭 잡아주며 격려를 아끼지 않았다

나는 그분의 어머니가 앓고 있는 당뇨병에 조금이라도
도움 되는 메커니즘이 무엇인지 알고 싶어졌다

과도한 열정 속에 지친 몸을 이끌 때도 있었고
초조한 마음으로 밤을 지새우기도 하였다
그에 대한 신뢰가 포도알처럼 영글어 갔다

쾌쾌하고 어둑한 실험실에서 들려오는 소리
배고파 졸라대는 어린아이와 같은 세포들
고통에 허덕이는 사람들을 위해 제물祭物로 바쳐질
각종 암세포나 정상 세포들의 떠드는 소리였다

어두운 밤이 오면 고요히 꽃잎을 접고
따뜻한 아침 햇살에 가슴을 펴
갓 열리는 봉오리 같이
하루를 새로운 생기로 시작할 때마다
뒤를 받쳐준 인자한 그분의 얼굴이 떠오르곤 한다

작은 열쇠로 자물쇠를 열었다는 기쁨에
차가웠던 공기를 데우고
점점 넓게 퍼져나가던 기쁨의 파장이
메아리처럼 돌아올 때
나는 우쭐해지는 마음을 감출 수 없었다

이 세상 살 동안 잊지 못할 따뜻한 마음으로 무장된
그분은 안건일
내 생애에 거룩한 은인이 되었다

끝없는 욕망의 문을 열고
한 걸음씩 내딛는 발자국에
심한 부러움과 경쟁의 모습을 감춘 채
틈새를 노려보고 있는 고양이 한 마리
상대의 앞길에 덫을 놓는 짓이 가끔 눈에 띄기도 하였다

항상 좋은 일이 있고 난 뒤
사람이 방심하게 될 때
서로 끈끈하게 이어진 믿음을 깨는 일이
생기는 것을 볼 수 있듯
내 머릿속에는 의심의 고통이 가득 찼다

가장 맛있고 향내 짙은 과일에
몹쓸 벌레가 달려들어 파먹는 일이
나에게도 일어났다
당황한 나는 어떤 방책도 찾을 수 없었다
신神의 힘을 빌려 출현한 인간이
남에게 저울을 속이는 일이 생각나
분노보다 두려움에 침묵을 지켰다
내가 보고 있는 이런 현실을 어떻게 설명해야 할까?

피땀으로 이루어 놓은 남의 재물을
불의의 지혜로 파먹고 벌을 받지 않은 채

아무 일 없는 듯 지나간다면
지은 죄의 값이 자손 삼 사대까지
내려간다는 말이 두렵지 않은지
보는 나의 이마에는 줄곧 식은땀이 흘렀다

탐욕으로 끌어들인 도둑질로
땅을 사고 집을 산다 해도
지금, 몸은 편안하게 보일지 모르지만
마음은 이미 관棺 속에 들어있음을 깨닫지 못하는
우둔함이 슬플 뿐이다

남을 팽개치고 자신만 귀히 여겼던 사악한 마음
머잖아 타작할 때
건강한 이삭과 가라지를 구별하여
살아 있지도 죽지도 못하는 형국에 놓이게 될 것을 상상해
본다

발자취의 노래 [跡歌] 5

– 서정抒情의 노래 –

천사의 손끝으로 그려낸 은하수 강가
서툰 순정을 노래하던 여드름투성이의 사내들이
부풀어 오르는 가슴으로 밤을 지새우던
고교 시절로 돌아가고 싶다

사랑에 눈을 뜨기 시작한
변성기에 들어선 목소리는
처음 우는 수탉처럼
주체할 수 없이
꺽꺽되며 노래하던 그때가 그립다

하늘에서 별빛이 나만을 찾아오기를 기다리며
창틈으로 새어드는 달빛 아래서
주소 없는 사람에게
편지를 쓰고 지우기를 반복했던 문학 소년 시절은
까마득한 옛날이 되었다

지금까지 걸어온 길에
생명 물질을 탐구하며 바빴던 교수 생활
영혼이 있는지 없는지 생각할 겨를도 없이
내 가슴에는
시詩를 받아들일 자리가 없었다

주먹이 영혼을 무릎 꿇게 못 하지만
상대를 때려눕혀야 승리하는 비정한 권투의 세계가
기초과학을 연구하는 도장道場과 비슷했다

치열한 전장에서 승리의 깃발을 든 영웅처럼
경쟁을 벌이던 과학자들은
“연구를 위해 새로운 무기를 사들여라!
그래야 이긴다!”고 외치던 소리가 귀에 쟁쟁하다

줄을 잘못 서서
훌륭한 연구 계획도 한풀 꺾여 소외된 채
쓰레기통으로 들어간 일들이 한둘일까?
이런 과학자들은
깃발을 잃은 영웅과 진배없었다

나도 몇 사람들 앞에 서 봤지만
다음에 오는 선수의 주먹에 쓰러져야

새로운 진리의 문이 열리는 무대임을 알았다
나는 힘의 허무를 본 셈이다

수십 년이 지날 동안
내 속에 대부분을 차지하고 있는
예리한 이성理性이 시간이 흐를수록
서정抒情에게 침식당하고
사랑의 영역이 점점 확장되어가는 것을 느끼기 시작했다

갈등 속에 몸과 마음이 머물 무렵
신神은 나에게 낡고 찢겨진 손수건 같은
깃발 하나를 주었다

조각나고 해어진 깃발에는
수백 년 전부터 내려온
많은 문인들의 영혼과 시詩가 새겨져 있었고
갈수록 찬란하게 빛을 내는 문장들을 읽을 수 있게 되었다

그 후
나는 꽃을 보고 연인의 마음을 읽을 수 있게 될 때
하나씩 물들어가는 단풍잎에서
다정히 속삭이는 신神의 음성을 들을 수 있었고
이보다 더 행복한 일은 어디에도 찾아볼 수 없었다

꽃을 든 신부新婦가 가까이 다가와
나를 산 언덕으로 데려가
아름답게 피는 꽃을 보여 주었고
숲에서 바람이 속삭이는 사랑의 언어에 귀를 열게 하였으며
계곡에 흐르는 물소리에서
세월의 흐름을 느끼게 하였다

따뜻하게 데워진 나의 가슴은
숨길 수 없는 정열의 불꽃이 일어나기 시작했다

진실이 욕망의 불에 타 쾌락이 되어
사랑하는 이의 마음을 훔치는 본성이
나에게도 있었다

허풍으로 부풀어 오른 시詩라도
사랑하는 사람의 가슴이 터질 때까지 불어넣어
심장을 빼 오는 것 외에 다른 도리가 없는 것도 알았다.

언젠가 마지막 의식意識의 끝에 서서 심판대에 올라
뒤를 돌아볼 때
지옥의 형편을 잘 아는 자만이
천당에 머물 수 있는 의의를 알 수 있다는 생각이 들었다

내 영혼 속에 익숙하게 자리 잡았던
자연과학의 원리를
시詩로 승화시키고 싶은 욕망이 생겼다

쓰고 또 쓰며
하나씩 쌓아가는 시심詩心을 문장 사이에 끼워 넣기도 하고
가슴에 고이 간직하기도 했다

홀로 산속 외로운 오솔길에 접어들면
다람쥐가 앞서 길을 인도하였고
강가에 앉아서 띄운 종이배에
나의 침묵을 실어 떠나보내기도 하였다

해변에 앉아서 파도 소리 들으며
펜으로
나의 영혼을 그리기 시작하였다

강의실에서
내 앞에 앉아있던
젊은이의 까만 눈동자에는 희망의 빛이 반짝이고
삶의 의지가 살아 숨 쉴 시詩가 자라나는 것을 보았다

연세 많은 노인들은 깊은 명상에 잠긴 듯
희멀겋게 퇴색되어가는 눈을 아예 지그시 감고
곡조가 맞지 않는 노래로 흥얼대기 시작했다

노인들의 서툰 음률은
영혼에서 우러나는 가락이었고
인생의 희로애락에 많은 경험이 섞여 있어
말라가는 우물에서 마지막으로 흘러나오는
값진 한탄 같았다
이 모든 것이 나에겐 기쁨으로 다가 왔다

찻잔에 커피를 넣고
휘저으면 향기가 퍼져나가 마음의 경계까지 풀려 버리듯
시詩는 굳은 내 영혼에 녹아
새로운 세계를 만들고 있었다

한잔의 커피가
입안에서 식도를 타고 내려가기 전
코에 스미는 아름다운 향내로 인해
사랑하는 사람의 혈관에 내 노래가 흐르기를 원하고 있다

초원에 누워 하늘을 쳐다볼 때
뭉게구름 되어 피어 오르는 시詩에 홀려

사랑보다 잠깐 스쳐 가는 한 가닥의 연민의 정에서
흐느끼는 바람 소리가 더 크게 들려왔다

나의 마음 한구석에 남아 있는
다정한 눈물 한 방울이라도
바람은 놓치지 않고 마음의 고백을 어루만져 주고 있다

나의 시詩가
아카시아 향기 되어 구름에 올라
노櫓를 저으며
서쪽 하늘을 향하여 떠나고 있었다

달빛이 구름을 붙들어
은빛 날개를 펴 잠자는 호수에 내리게 하여
은파로 사랑의 시詩를 쓰게 한다

창틈으로 새어 들어오는 별빛에 시詩를 엮어
잠들어 있는 사랑하는 여인의 머리맡에
내 마음을 고이 얹어놓고 먼 길을 떠난다

언젠가 내가 망각의 세계로 들어간다 해도
정겨운 사람들과 아름다운 곳에 이르러
영원의 노래를 부르고 기뻐할 수 있다면
그보다 더 큰 기쁨이 어디에 있을까?

점점 귀가 멀고 눈빛이 어두움 속으로 빠져들어
손까지 떨려 펜대를 잡기가 힘들 때가 된다 해도
이 가냘픈 펜 끝에 흐르는 사랑의 눈물을 걷어낼 수 있다면
이 어찌 노시인의 노욕老慾이라 일컬을 수 있을까?

몸은 노쇠해 가도
시인의 영혼만은 늙지 않아야 할 것이다

발자취의 노래 [跡歌] 6

- 꿈속 여인의 노래 -

당신이 사랑의 문에 들기 전
자신의 존재에 수갑手匣을 채워야 할 것이다

사랑하는 여인의 깨끗한 호수 속에
별같이 수많은 생명이 움직여도
예리한 칼날 같은 규칙이 선線을 따라 흐르고 있다

아름다운 호수가
하늘을 품고 구름을 품는다 해도
물에 비치는 형상들이 다 내 것일 수는 없다

물 위에 파문이 조금만 일어나도
하늘이 흔들리고
반사되는 모든 형상은 일그러져 소멸하여
어디를 살펴봐도
허무한 생각만 호수 위를 떠다니고 있다

나는
좁고 불안한 사고思考를 뛰어넘어
거친 날개라도 펼쳐
자연의 형상이 변하지 않고
아름다운 사랑이 깃든 감성의 집을 짓고 싶다

생명현상의 빈틈없는 원리에서
인간의 본질이 사랑으로 영글어 있기 때문에
정서적인 세계로 옮겨가는 것이 당연한 것이 아닐까!

사람들은 자신의 편에서 사랑을 해석하여
아가페니 에로스니 여러 가지 형태로 나누어
노래하지만

내 영혼에 안개 같은 사랑이라도
살아 있기에
마음속에 갇혀 있던 별들이 눈을 뜨기 시작했다

은하의 강줄기가 나를 향해 흐를 때
어두움까지 품고 있는 위대한 하늘
별 하나가 구심력을 잃고 궤도를 벗어나
땅 위에 떨어졌다

별이 떨어진 곳은 오아시스가 아니라
뜨거운 태양 볕이 이글대는 사막이었다
별은 길을 잃고 헤매고 있었다

계절이 아무리 바뀌어도
마실 물도 없는 가혹한 곳에서 남몰래 흘리는 눈물이
흔적조차 없이 증발해버려도
나는
별이 부서진 외로운 조각들을 주워 모아
모자이크 그림이라도 맞추려 애쓰고 있었다

사막 위에 언제 지어졌는지 알 수 없는 집 한 채
도적이 초가집의 창호지 문에 구멍을 뚫고
안을 엿본 후
방안으로 침입해 들어와
하늘에서 가지고 온 보물을 빼앗아 갔다

별의 가슴을 왜 이렇게 흔들어 놓았을까?
죽으려 해도 죽지 못하는 형벌 같은 고뇌가
죽음보다 더 괴로운 고통이 되어
일평생 별의 가슴을 짓누르고 있었다

초가집 여주인의 하얀 소복은 고독에 못 이겨
흰 버선을 신고
비가 오나
눈이 오나
남편의 유택幽宅을 찾아갈 때마다
별을 혼자 남겨두어 무서움에 떨게 했다

어느덧
세상 물정을 알게 된 별은
외로움을 벗어나려 애쓰고 있었다
자기 가슴에 사랑의 뿌리를 내리려 애를 썼지만
그녀의 어머니는 물을 뿌려줄 방법이나 양분을 줄 줄도 모르고 시간만 흘려보냈다

어떨 때는
지나가던 사람들이 해변에서 반짝이고 있는 별을
주우려 했지만
그때마다 별은 모래 속으로 몸을 감추기도 하고
해무海霧로 자신을 덮기도 하였다

세찬 욕정에 못 이긴 바람이
별을 애무하려 들 때
큰 손으로 하늘을 찢어 검은 장막으로 덮어

거짓된 욕망에 휘둘리지 않게
뒤편에서 별을 지키며 보호하는 자가 있는 것을 보았다

나는 소리쳤다
오, 잔인한 어둠의 신神이여!
그대가 가냘프고 불쌍한 별을 내쳐
지상으로 떨어지게 했으니
타버리고 남은 몸과 마음이
얼마나 쓰린 고통에 놓여 있는지 아시는지요!

나의 큰 소리에
어둠의 신神은 빙그레 웃으며
비밀스런 이야기를 들려주기 시작했다
낯설고 험한 세상에서 살기 위해
밝디밝고 가장 높은 신神께서 시험 중에 있다고
넌지시 일러주었다

왜 하필이면 불쌍하고 외로운 별을 향해
이런 시험을 치르게 하느냐고
원망에 찬 소리로 고함치고 난 후
나의 속이 조금 후련해졌다

스스로 어둠을 뚫고 나와야만
생명이 탄생 되는 것을 볼 때
어두운 하늘이야말로
꿈틀대는 생명의 원천임을 알게 되었다

동이 틀 무렵
어둠이 걷히기 시작할 때
풀잎 위 이슬이 구르는 소리에 잠을 깬 나는
어젯밤,
별이 밤하늘에서 쫓겨나 버림받은 이유를 알고 싶었다

내가 묻기 전
별빛을 품고 있는 이슬이
풀잎에서 뛰어내리며
자기의 모습을 자세히 보라고 했다

별의 잘못이 아니라
사랑의 중력을 보지 못하는 나를 질책하듯
이슬은 사라져 갔다

타다 남은 한 조각의 돌이 되어
하늘조차 잃어버린 슬픔에
밤하늘이 캄캄해질수록 더욱 빛나는 은하수를 쳐다볼 때마다

누구에게도 하소연할 수 없는
별은
애처롭게 얼마나 많은 눈물을 흘리지 않았을까!

사람들이 규정한
복잡한 사랑일랑 은하수 물결 위에 띄워 보내고
별의 가슴에 예쁜 사랑을 그려 넣어
단순하고도 순백한 마음으로
나 혼자만이 별을 가지고 싶어졌다

나의 눈치를 알아챈 신神은 생명록을 뒤지며
창세 전부터 예약되어있는 인연이 있는지를 찾아보고
고개를 끄덕였다

우리는 깊은 계곡에 내려와 흐르는 물에 발을 담그고
천사가 못다 부른 노래를 함께 부르며
거룩한 연주자의 지휘봉에 따라 앞으로 나아갔다

지금까지 바람에 찢기고
거친 눈비에 상한 슬픔도
인자한 신神의 능력으로
나를 통해 치유케 되었으니
별은 더욱더 아름다운 빛을 발發하고 있었다

신神의 형상으로 닮아가는 한 여인이 된 별
빛으로 나를 감쌀 때
그녀의 후광에서 나오는 빛의 바깥 붉은색은
내 영혼을 황홀한 광채 앞에 무릎을 꿇게 한다

끝없는 번뇌의 바다를 건너온 별
화산의 구멍처럼 입을 떡 벌리고 서 있는
유혹의 낭떠러지에 빠지지 않고 용케 피해 나왔다

눈까풀 위에서 졸음이 잠을 청할 때도
그녀는 침실에서 삐거덕거리는 소리와
바람이 지붕을 흔드는 소리를 구별할 수 있는
지혜를 가지게 되었다

나는 마음을 가다듬고
그녀가 내민 손을 의지해 몸을 일으켜
사랑이 샘솟는 온천으로 이끌려 갔다

몸에 덕지덕지 붙어 있는 탐욕의 곰팡이를 씻어내고
숨 가쁘게 환희의 언덕으로 날아올라
그때의 기쁨이
블랙홀보다 더 큰 중력으로 나를 빨아들였다

자신들이 어디에 있는지 알 수 없는 무한의 공간에서
몸과 영혼의 원소가 한데 혼합되어
둥둥 떠 있다가
갑자기 중력을 벗어나 우주 위의
또 다른 우주의 빈 공간까지 높이 솟구쳤다

시공간의 벽을 넘어
환한 모양으로 재구성된
투명해진 몸과 영혼으로 다다른 곳이
천국에 오르는 첫 계단이었다

한 계단, 두 계단
계속되는 계단을 오를수록 점점 밝게 빛나는 무지개 색깔에
끓어오르는 가슴이 터질 것 같아
지칠 줄 모르는 사랑으로 거룩한 성城에 올랐다

내가 빛으로 둘러싸인 위대한 전능 자를 뵈려
눈을 비비며 아무리 애써 쳐다봐도
광채만 보일 뿐
형체를 볼 수 없었지만
우레보다 더 쩌렁쩌렁한 음성으로 나를 압도했다
그분은 나에게 큰 소리로
타다 남은 별의 모양을 완전히 복구시켜

십계명이 쓰인 돌처럼 지혜와 지식을 거기에 새기고
거룩한 이름을 붙여 생명의 강가로 데려오게 했다

그의 앞에 함께 섰을 때
가장 중심에 있는 성문城門이 열리자 하늘도 열렸다

높은 하늘에는 백옥보다 더 흰 구름에 비둘기가 날고
머리 위에 세례 의식을 베풀어
신神은 그녀를 백성으로 삼았다

우리가 서 있는 성城은 끝없이 높은 곳이라서
형언할 수 없는 넓은 세계와
나락보다 더 깊은 곳까지
샅샅이 볼 수 있었다

시공간을 초월하여 자유롭게 오르내릴 수 있는 특권으로
영혼조차 느껴보지 못한 희열을
오늘도 내일도 쉼 없이 즐기며 살고 있다

다시 태어난 그녀의 사랑스런 얼굴에는
지상에서 볼 수 없는
다른 세계의 아름다움이 펼쳐져 있어
범접키 어렵다

발자취의 노래 [跡歌] 7

- 허무虛無의 노래 -

신神은 우주를 말씀으로 만들었고
빛이 있으라 명령하였으니
그 빛 속에는 생기가 들어있지 않았던가!

태양 아래에는 수많은 길이 나 있고
길마다 제각기 희망과 절망들이 혈관처럼 뻗쳐 있다

빛줄기가 닿는 곳에는
연약한 생명과 연결되어
서로 몸을 문지르며 사랑하는데 안간힘을 쓰고 있다

늦가을이 되어
해변의 습지에는 갈대가 이별을 추스르고 있는 동안
바람이 갈대의 마음을 조금씩 아프게 흔들고 있었다

뭍에서 달구어진 지열地熱은 안개를 피워
나의 우매한 눈으로는
내일을 예측할 수 없어
미래에 대한 의심만 점점 짙어갔다

삶의 주인이 내 자신인 줄 알았으나
잠시 있다가 사라질 안개 같은 것
있어도 그만
없어도 그만
왜 내가 있는지도 모르는 것이 진실한 고백이 아닐 수 없다

무슨 연유緣由인지 몰라도 허무한 생각들이 절망을 일으켜
세운다

어떨 때는 많은 길이 앞에 놓여 있어도
선택하지 못하여 망설이기도 하고
걸어온 발자국의 흔적조차 보이질 않아 허무할 때도 있었다

허무에 지친 나그네의 마음을 감동케 하는
유럽의 종소리를 들어보자!
하늘에서 신神이 돌리고 있는 시계의 재깍거리는 소리에 맞춰
영원의 문을 여닫는 위로의 고지告知였다

어느 사찰에 있는 에밀레종 소리는 어떠한가?
어린아이의 슬픈 울음소리가 섞여
계곡 따라 흘러나오고
교회의 종소리는 숨 쉴 겨를도 없이 산산이 흩어져
우리 곁에서 사라진 지가 오래되었을 뿐 아니라
우매한 자들은
서로 책망하는 소리와 다투는 소리만 점점 크게 높이고 있다

눈을 들어 사막을 보라!
선인장 잎이 변해 가시가 되어도
서로를 찌르거나 험담치 않고
척박한 땅에서도 예쁜 꽃을 피우며
세월 속에 갇혀 있는
영원의 향기를 은밀히 뿜어내고 있지 않은가?!

오, 태양 아래 사는 사람들이여!
모든 것이 빛에 의해 빠르게 퇴색되는 이 땅에서
얼마나 오래도록 행복하게 살 것인가?

어둠과 밝음의 사이에서
우리가 어찌해야 할지 모르는 번뇌 속
언제든지 몰락할 불안을 가슴에 품고
헛된 꿈만 가득 채운 채 살아가고 있지 않는가!

한 치 앞을 내다보지 못하는 인생이
언제 사라질지 모르는 가운데
우리가 서로 믿고 사랑하며 살 시간이
얼마 남았는지 모르는
희미한 희망에 기대어
헛된 꿈을 꾸고 있는 것은 아닌가!

태양 빛이 사라지고 어둠이 날개를 펴
한 영혼이 육체와 이별을 하는 별들이
허무하게 사라지는 밤이 서럽다

아무리 눈을 크게 떠
멀리 보려 해도 발끝만 보이고
애써 귀를 열어 들으려 해도 세찬 바람 소리에
번뇌와 근심이 내 안에 쌓이기만 하구나

세상에 변하지 않고 영원히 머무는 것이
어디 있을까마는
돌이킬 수 없이 직선으로 달리는 시간 위에서
헛됨을 모르고 사는 삶이
치매에 걸려 자신의 의식을 잃어버린 삶과 무엇이 다를까!

신神은 나를 높은 곳으로 데려가
나의 뒤를 돌아보게 했다
저쪽 아래 걸어서 온 길은 똑똑하게 보였지만
발자국들은 차츰 희미하게 사라져 가고 있었다

내가 어머니의 서원誓願의 기도를 잊고
다른 길로 들어설 때마다
신神이 채찍을 들고 선택된 길로 돌아오게 했건만
나는 다시 밖으로 튀어나와 험한 비탈길을 걷곤 했다

바른길이 어디에 있는지
정신을 차리고
온갖 경전을 읽어도
지식의 끝자락에는 항상 헛된 것이 기다리고 있었다
우리가 티끌로 된 흙으로부터 와서 흙으로 돌아가야 한다면
가지고 떠나야 할 것이 하나도 없는데
무엇이 귀하고 무엇이 그렇게 소중하단 말인가!
모든 것이 헛되고 헛될 뿐이다

오, 헛된 삶이여!
쓸데없는 걱정이 헛된 꿈을 낳고
경건히 흘린 고통의 눈물이 여기저기에 젖게 되어도
우리의 흔적은 어디에도 없구나

인생!
봄을 맞이하는 벚꽃처럼 활짝 피었다가
숨돌릴 틈도 없이 흩날려 떨어지는 꽃잎들
어쩐지 헛되게 보이는 삶이
우리의 존재를 슬프게 한다

때때로 사람들의 마음이 짐승에게 들어가
같이 자고
같이 먹고
질병도 같이 나누면서
안식을 찾으려고 반려 동물이라 부르며
불쌍한 이웃보다 더 감싸면서 사랑하고 있지 않은가!
헛되고 헛된 자신의 일부분을 보상하려는 보상 심리일까?

간혹 정치가들이 자기가 쓴 자서전이나
말에
자신의 발목을 잡히는 일이 일어나는 현상은
우리에게 많은 교훈을 주고 있지만
이것도 허무하고
저것도 허무할 뿐이다

햇빛 아래서 살아가는 인생
지혜를 가지고 이 세상을 보는 것은

성공, 야망, 미움일 뿐
무엇 때문에
인간이 설계되었는지 모르며 살고 있다

밝음도 헛되고
어둠도 헛된 것이
우리에겐 너무 비참한 사건이 아니겠는가!

아픔 없는 사랑이 어디 있으며
사랑 없는 미움이 어디 있을까?

만나면서 이별을 걱정하는 인생
사는 목적 찾지 못해 오늘도 내일도 헤매며
내 것이 없으면서 내 것이 있는 양 다 털고
빈손으로 떠난다고 변명을 한다

오가는 사람들이 기억하지 못해도
태어날 때와 죽을 때 사이에
비어있는 공간에다 <발자취의 노래>를 새겨 놓으면
슬픈 노래가 되든
기쁜 노래가 되든
부르다 떠날 노래가 되겠지

헛되고 헛된 이 세상에서…

제2장

별곡別曲

제1별곡: 구멍의 담론談論

Ⅰ. 애정의 평원에서

그대와 처음 만났던 시간
예민한 충동에 가슴을 억누르는 호기심은
나를 환희에 취醉하게 했다

빛이 드나들지 아니한 어두운 곳에서
뜨겁고 검은 사랑의 불길이
마법의 유혹으로 가득 차기 시작했다

정신을 차릴 겨를도 없이
혼돈으로 뚫린 원초적 구멍이 빛조차 가둘 수 있는
무한한 힘으로
신비스런 삶을 재편성 하기도하고
무저갱無底坑으로 육신을 빨아들이는
거대한 중력을 가지는 블랙홀을 만들기도 한다

사랑이라는 가죽의 탈을 쓴 애달픈 인간들은
사치스러운 허영으로
공포恐怖가 도사리고 있는 뚫린 구멍 안을 들여다보며
짝을 찾기에 바쁘다
순결의 본능을 앞세워 알몸으로 수치羞恥를 벗어버리고
서로 사랑하며
옆을 스쳐 지나갈 행복을 잠시라도 잡아두려 애를 쓴다

열정으로 파는 구멍마다 쏟아붓는 사랑
가끔 밖으로 범람하여 다른 곳으로
물길을 내기도 한다

우리가 꿈을 서로 바꾸어 꿀 만큼
달콤한 시간으로
장미꽃 향기에 묻혀 살아왔던 과거

생명의 불꽃이 사라지기 전까지
아깝지 않게 사랑스런 언어를 입술에 발라가며
촉촉이 젖은 눈길로 바라보던 얼굴들

아! 우리의 마음에서 용솟음치는 호기심!
영혼을 팔더라도 육신의 쾌감을 더듬고 싶은 유혹을
어떻게 피해 갈 수 있을까?

Ⅱ. 삶의 지평에서

요람에서 태어난 힘없는 어린 새가
함께 부화한 침입자의 새끼에게 밀려나
땅에 떨어져 생명이 먼지로 변해 흩날려도
먹이를 물어다 줘야 하는
본능적 노예가 된 우매한 어미 뱁새

하늘을 향해 쏘아 올리는
야욕의 미사일이 두려워
침입자의 새끼 입에 먹이를 물어다 줘야 하는
숙명적 행동에 익숙해진 어미 새는
비바람 속 허수아비처럼 떨고 있을 뿐
둥지의 질서는 교란되고
습관에 매달린 유전자들이 혼란에 빠지게 된다

가구家口마다 장맛비처럼 쏟아붓는 세금에
집들은 도탄에 빠져 찌그러지고
흘러내리는 산사태가 길을 막는 한숨은
구멍 난 하늘에
굴욕의 빗방울을 쏟아지게 한다

왕의 후광처럼 따라다니는 무리들
불법이 합법처럼 가장된 완장을 팔에 두르고
드론같이 날아올라
지옥 근처까지 세력을 넓히기에 바쁘다

나는
비바람에 풍화되어가는
무명용사의 비문에 갇힌 글자처럼
회한의 늪에서 나오지 못한 빼꾸기 되어
근심 속에서 울고 있다

욕정에 못 이겨 부당한 지혜에서 나온 계략으로
끌어 모은 돈이나 명예로
깊고 어두운 곳에 감춘 침실을 찾을 때
쾌락이 시간을 갉아먹고 있는 줄 깨닫지 못하고 있다

케르베로스 개가
살아 있는 사람이 음부陰府로 내려갈 출입문을 막고
지옥에 갇힌 영혼들도 불 구멍에서 탈출하지 못하게
옥문을 단단히 지키고 있다

갯벌의 구멍에서
연명延命 하는 가난한 갯벌 사람들은
고단한 몸을 뉘려 노을 따라 돌아갈 집이 있어 행복하지 않는가!

육지의 땅에서 여기저기 생겨난 구멍은 지렁이의 통로가 되어
흙을 비옥케 하지만
갯벌의 구멍 속에 숨어있는 맛조개는
먹이를 기다리고 있는 것이
얼마나 아이러니컬한 현상이 아닌가!

빨대 구멍수에 대한 위상수학에서
구멍은 평면에서 기인한다는 논리가
미리 설정해 두는 정의에 따라 0이나 1개에서 두 개가 되듯
두부豆腐에 뚫린 다양한 구멍도 복잡하지 않다

목적 따라 변하는 삶은
아무리 계산해도 정답이 없다

Ⅲ. 시간 너머에

내면의 충실함보다 아름다움을 더 소중하게 여기는
여인을 본다
거울 앞에서 종일 앉아있어도
반사되는 빛은
여인의 마음속까지 들어가지 못하고 외모에서 머문다

카오스 속에서 뽑아낸 질서나
창공에 펼쳐놓은 무지개의 파노라마도
아름다움을 무질서 속으로 끌고 들어가 사라진다
이것이 아름다움의 속성이다

사랑하는 여인이 그대 앞에서 어떤 실수를 저지른다 해도
이해하고 서로를 아끼며 살아온 것은
곧 사라질 아름다움이 있기 때문이 아닐까!

옆을 살필 틈도 없이
두 눈을 서로의 눈에 고정해 놓고
상대방의 마음을 읽으면서
어떨 때는 침묵을
어떨 때는 발코니에 나가
환희의 노래를 함께 부르지 않았던가?

시간이 감미로운 꿈을 깨우면
몸에 걸쳤던 사랑의 커튼이 서서히 벗겨지고
우리의 가슴에 이상스레 생겨나는 권태로
비교의 원리가 눈언저리에 머물게 되면
지난날의 기쁨은 사라지고 다시 새로운 것을 좇아가는
짐승의 본능을 나타낸다

태양 빛이 나의 나약함을 드러낼 때
기름기가 빠진 얼굴에 기쁨이 시들기 시작하였고
말도 되지 않는 변명과 이유를 붙여가며
사랑했던 사람과 당장 끝장내고 싶은 충동 속을 헤매면
모나리자의 모호한 표정이 떠오르게 된다

이것을 본 신神은 기가 막혀
시간을 만드는 미세한 초침으로
우리 곁에 머물던 여인들의 아름다움조차 거두어
얼굴을 주름으로 일그러지게 하고
피부를 거칠게 한다

우리의 두개골에 가득한 기억마저도
쓰레기 같은 정보로 변하게 하여
쌓여가는 사유思惟의 폐기물을
거친 숨결에 집어넣어 지혜의 현絃이 끊어지는 치매로
낡고 약하게 만들고 있다

노화로 두 눈동자를 움푹 파인 구멍 안으로 밀어 넣고
앞으로 더 나아가지 못하게
꺼져가는 촛불처럼 사그라지는 시력으로
더듬거리며 길을 걷게 만든다

거대한 시간의 소용돌이를 끊임없이 돌리는
신神의 손을 누가 멈추게 할 것인가?

블랙홀의 소용돌이에서 재편되어 나오는
새로운 생명은 고뇌가 깊다

우리는 이미 막다른 기나긴 터널 안에 들어섰다

혀끝에 맴돌던 달콤한 말들
끊임없이 용솟음치던 사랑은 말라버린 분수요
땅에 떨어질 낙엽이 아닐 수 없다

아, 누구를 한탄하랴!
구멍으로부터 와서 구멍으로 사라져가는 인생
윤회를 불사르고
물질의 조화調和가 없다면 아름다움도 없는
육신이 상실된 부활!
여기에 진정한 삶의 의미를 찾을 수 있을까?

밧줄이든, 낙타든 작은 바늘귀를 통과하는 것보다
부자가 천국에 들어가는 일이
더 어렵다는
이 작은 구멍이 가지는 의미는 무엇일까?

구멍 너머에
영원한 안식을 취할 천국이 있기 때문이 아니겠는가!

우리의 몸보다 더 작은 구멍에서 나와
육신에 그림자를 달고 살아왔지만
죽음 앞에 서면
제일 먼저 그림자를 제거하고
영혼만 외롭게 영계靈界에 떠돌지 않을까?

상처 없이 뚫리는 구멍이 어디에 있을까마는
사랑으로 구멍을 뚫고
말로 상처를 내며
글로 고독을 토하고 후회를 해도
지울 수 없는 구멍에 대해
곰곰이 생각해보지 않을 수 없다

사랑하는 사람이
나의 곁을 떠나면

가장 슬픈 이별이 되는 것은
떠난 그 자리에 아픔과 눈물이 있기 때문이다

때때로 파도 소리를 싣고 오는 해풍이
소라의 빈 껍데기 속을 다녀가고
마음속 텅 빈 구멍에 차가운 바람과 어둠이 왕래할 때
캄캄한 밤하늘의 별들은
내가 누울 빈자리에 조용히 다녀간다

곧이어
거대한 손이 나를 들어 하늘 문을 열고
영원한 아름다움이 있는 정원으로 인도하면
세상의 모든 문은 서서히 닫히기 시작할 것이다

제2별곡: 뜨거운 포옹

Ⅰ. 역경 속의 노래

무서움에 떨던 어린 나이에 찾아온 굴절된 고통
육신을 파고드는 쓰라린 상처는
강한 바람에 찢긴 깃발처럼 펄럭이고
육체의 아름다움을 먹고 자라는 영혼마저 병들게 한다

붉은 혈관 속을 검게 태우는 다급해진 숨결에
쓰라린 통증은
온 전신에 스며들고 있다

서러움에 눈물을 흘릴 때마다
괴로움을 달래려 찾아오는 곳은
동구 밖에 서 있는 키 큰 당 나무

함께 울어주던 큰 나무는
수십 년 지나도
세월을 등에 지고 그녀를 기다리고 있었다

사랑스런 여인이
눈이 내리고 비바람이 몰아치는 길에서 방황할 때
외로움의 무게만큼 눈물이 짙다

해가 기울어 짙어지는 노을에
낯선 삶의 형식을 가졌을 그녀가 살고있는 숲길 건너편
맨발로 건너야 하는 강이 있어
밤이 오기 전 숨겨진 위험이 얼마나 있는지
강물의 깊이를 살펴야겠다

진정한 행복이 어디 있는지 찾고 있는 호기심은
발걸음을 재촉하는데
건너가는 물길에
나의 다리가 반사된다

젊음을 불태울 때마다
부풀어 오르는 욕망은 고통을 분만하나
괴로운 역경에서 행복의 얼굴을 볼 수 있다

밤새도록 주체 못 할 욕정이 풀어 놓은 머리칼 사이
순간과 순간을 채워가는 언어를 묶어버리고
고르지 못한 거친 숨결만 새어 나온다

어두움에 반짝이는 별들을 보라
사랑의 빛을 내는 별이 있어
밝은 미소로 나를 영접하지 않는가!

그녀를 사랑하게 된 것은 숙련된 미소나 예쁜 얼굴이 아니라
기억 저편에
긴 세월 동안 감당치 못할 상처가 아름답기 때문이다

때때로 편협 된 사랑이
집착으로 인해 증오만 남아
허구虛構의 늪에 빠지게 된다 해도
암울한 고독을 지닌 채
누구에게나 다가오는 죽음 앞에서
못다 부른 사랑의 노래를 부를 수 있다면
얼마나 행복하지 않을까?

악사樂士의 손에 들린 현악기에서
몇 가닥 안 되는 현 위를 활이 지날 때마다
아름다운 연주가 흘러나오 듯
우리가 천상에서 노래를 부를 때
우린 영원히 잊지 못할 사랑의 악기가 아닐까?

Ⅱ. 사랑의 조우

어떻게 된 셈인지
안경 뒤에 장난기가 서린 나의 눈에
그녀는 작은 사랑을 오래전부터 준비한 것처럼
싹을 틔우기 시작했다

아, 아침 이슬을 머금고 풀숲에서 갓 나온
어린 사슴의 눈동자처럼
우수가 서린 그녀의 눈빛이
나의 의식을 대책 없이 마비시키고 말았다

철썩이는 파도 소리가 아늑하게 들려오는 이 밤
혼미한 몸으로
낡아버린 익숙한 습관에 매달려 좌절감에 허덕이며
홀로 무인도에 올라와 지친 영혼을 스스로 위로해 본다

가을바람에 말라 쪼그라든 초승달이
구름에 걸려 쉽게 깨어질 것 같은
그녀의 다정한 눈길이
작은 충격에도 거품 되어 흩어질 수밖에 없겠지만
은밀한 미소에 이끌리어 단호한 탈출을 못 하는 나는
삐걱대는 소리가 높아질 때
내가 그녀의 주위에서 점점 밀려 나가고 있는 것을 알았다

그녀의 미소에
원초적인 본능의 프로그램을 짊어지고 달려드는 짐승들
나를 질투의 수렁으로 밀어 넣고 있었다

작은 모험이 시작될 무렵
깊은 계곡을 지나 가야산의 안개를 뚫고
모든 전경이 눈 아래 전개되는
정상에 올랐다

구름으로 띠를 두른 산
나무마다 물든 형형색색의 잎들이
만국기처럼 흔들며 맞이할 때
그림 맞추기 놀이하듯
우리는 서로의 생각을 섞어가며
흩어진 조각들을 맞추어 나갔다

그녀의 손끝이 어둠을 더듬으며
나의 육체 위에서 유영遊泳을 할 때마다
발산되는 에너지가
모든 신경세포의 균형을 무너뜨리고 있었다

맑고 투명하게 가꾸어 놓은 사랑을
가슴에서 은밀히 끄집어내어

나의 손에 쥐여 주던 그날 밤을
뒤돌아보게 한다

먼 길을 걸어오며 얻은 쓰라림을
다리에 무겁게 매달고 온다 해도
누군들 그 고통을 어찌 받아들이지 않을 수 있을까!

메마른 광야의 끝에서
제단을 쌓아 신神께 엎디어 비는 마음이라면
타락한 도시에 발걸음이 닿는다 해도
폼페이 성처럼 화산의 재[灰]로 덮어 버리지는 않을 것이다

Ⅲ. 신의 선택과 포옹

바다와 하늘을 더불어 사는 어촌에는
용왕을 섬기는 무속이 깊게 뿌리박아
유일신을 믿는 신앙이 발 들여 놓을 틈이 없다

시대가 빠르게 바뀌어도
무속의 파도를 걷어 내기는 쉬운 일이 아니었다
마음 둘 곳 없어 외로움에 갈 길 몰라 헤매는
그녀의 발걸음에 서러움만 널브러져 있다

원석처럼 발에 채며 굴러다닐 가혹한 운명의 시련은
그녀가 벗어야 할 멍에지만
신神이 영혼의 안식처로 인도하는
도구임을 알게 된다

다정한 삶에 동참할 수 없는 고통에는
눈물만 있는 것이 아니라
시인의 위대한 작품을 꽃 피울 씨앗이 숨어있기 때문이다

태어나서 죽음에 이르기까지 고통 아닌 것이 어디 있을까?
고통의 공간에서
신神과 대화를 나누고
그의 숨결은 우리의 눈물을 마르게 하며
악몽 같은 올가미에서 자유케 하지 않았는가?
이승과 저승 사이에서
불쌍하도록 순전한 그녀는
절대자의 손에 다듬어져
알 수 없는 미래의 세계에
세련된 존재로 다시 태어나고 있었다

신神은 그녀를 자기의 백성으로 택하기를 결심하고
새로운 조각품을 만들고자
어느 서툰 조각가를 조용히 불러들였다

흙으로 인간을 빚어
생기를 불어넣은 신神을 모방함 인지
피그말리온은 아름다운 처녀의 조각품을 만들었으나
그가 할 수 없는 생기만은 신神에게 의탁해서 불어넣었다

이를 본 나는
탐욕이 불타오르지 않는 조각가가 되고 싶었다

시내 산에서
돌판 위에 십계명을 새기는 기적의 기운을 빌어
그녀의 마음에 먼저 나의 새로운 이름을 새겨 넣었다

그 후
울퉁불퉁하게 거친 돌을 머리로 만들고
눈과 입을 만들어 신神과의 소통의 길을 열었다
지체肢體가 하나씩 만들어질 때마다
조각품彫刻品은 감사의 눈물과 환희의 미소를 짓고 있었다

조각가가 사랑으로 왕 포도 같은 가슴을 어루만질 때마다
해시계의 바늘은 시간을 멈추게 하고
피그말리온이 아니지만
뜨거운 포옹이 영원히 지속되기를 바라고 있었다

고독에서 희망을 찾아 헤매던 영혼
날개를 힘껏 펴
끝없이 천상天上으로 날아올라
눈부신 광채 앞에 엎드렸을 때
손을 잡아 일으키며
“사랑하는 내 딸아!” 한마디 말에
영광스러운 잔치가 베풀어진다

시공간을 초월하여 넘나드는
그녀
환희의 눈물이 볼에 젖을 때
괴로웠던 고통이 감쪽같이 사라지고 있었다

제3별곡: 그리운 파도여!

파도여!
너의 가슴이 하얗게 부서져도
내 마음은 왜 이다지도 시원치 않은가?
너와 함께 부서져 물거품으로 사라진다고 해도
어느 누구 하나 애통하지 않는 것은 왜일까?

밤하늘에 긴 꼬리를 그리며 떨어지는 유성 하나를 잊지 못해
그리워하는 것은
내 안에 슬픈 응어리가
아직 작게나마 남아 있다는 증거일 것이다

아무리 기다려도
돌아오지 않고 지나간 바람같이 사라진 너의 모습이
추억이라는 찌꺼기가 괴물 같이
나의 뇌腦 속에 돌아다니고 있구나!

내가 얼마나 너를 사랑했기에
삶에서 얻어지는 그리움이 끔찍하다 못해 두려움까지 느끼
고 있을까?

지금, 이 고독한 바다에 그리움의 흰 파도가 떠다녀도
바다의 깊이를 모르는 것이 얼마나 두려운 것인가를 모르고
있듯이
그 누군들 알까
우리의 그리움도 이와 마찬가지이다

영원히 사랑할 수 있는 바다에서
그리워할 고통의 파도가 되더라도
너의 가슴에 안기고 싶구나

파도는 바닷속을 다닐 수 없고
인간은 파도처럼 물 위를 걸어 다닐 수 없다
파도도 인간도 신神이 아니다

지난날
사랑했던 사람에 대한 그리움이
아무리 강하다 한들
신神과 인간의 유전물질이 뒤섞인 다리로
물의 표면장력 위를 걸어도
바다는 육체의 무게를 삼키고 만다
미완성품의 반쪽은 항상 불안하기 때문이다

고래는 우리를 비웃듯이
바닷속을 유유히 헤엄쳐 다니고 있다

신神은 인간에게 만물을 사육하고 재배할 수 있는 권리를
손에 쥐여 주었으나
자신밖에 모르는 무기력함에
환멸을 느끼지 않을 수 없다

오, 내 마음에서 일어나는 거친 파도여!
물결 위에다 슬픔을 가득 담은 그리운 사연을 써 보라!
그 글이 시詩가 되어 우주공간을 유영할 때
공허한 어두움 속으로 떨어지는
가여운 유성을 가슴에 담을 수 있을 것이다

너를 애타게 부르며
밤새 바짓가랑이가 아침 이슬에 젖도록 헤매어도
지나간 흔적일랑 찾을 길 없고
다리가 부어오르는 나의 괴로운 상처에
파도처럼 밀려드는 아픔을 누가 감당할 수 있을까?

가슴이 시퍼렇게 멍들어도
도저히 슬픔을 뛰어넘을 수 없다면
파도를 품은 바다처럼 그리움으로 너를 품고 싶다

내 속에 서툴게 쌓아 올렸던 그리움의 성城을 허물고
나의 머리 위에서
별들이 다시 반짝이기 위해
내 가슴속을 태워버릴 검은 밤이 필요 할는지 모른다

어느 적막한 고요 속에
깊은 바다가 꿈으로 뒤척일 때마다
별빛 쏟아지고
허술한 사랑은 은물결처럼 부서지기 시작한다

찰나刹那 같은 일생을 핑계 삼아
몸에서 뽑힌 한 개의 갈비뼈를 찾으려는 핑계로
깨끗치 못한 손으로 별들을 더듬으며 밤을 지새운 행위를
신神이 노여워할 운명으로 치부置簿한 적은 없었는가?

오래도록 간직했던 순수한 그리움을 버린 채
끊임없이 밀려오는 파도의 거친 숨소리만 듣지 않았던가?
혹은 허황된 욕망으로
새로운 시대의 변화를 갈구하고 있지는 않는가

시간 위에 파도가 반복하여 드나들 뿐
정적인 사랑은 지나고
파도에 밀려드는 동적인 사랑만이

새 시대가 원하는 선택일까?
벌써 습성이 된 지가 오래된 듯하구나

추錘의 중심이 어디에 가 있든지
아프리카의 에스와티니왕국이나 아시아의 티베트를 보고
자신들의 마음을 가늠해보라
거듭되는 혼란스러운 가치판단이 무슨 열매를 맺을지
누가 알겠는가?

아무리 새 시대가 닥친다 해도
우리의 순결한 사랑이 낳은 그리움을 가질 수 있는 자는
고통이라도 감사感謝로 환원 시킬 수 있는 능력이
우리를 기다리고 있다

파도가 해변에 닿아 물거품으로 사라진 후
뒤를 돌아보며 바다의 깊이를 알고자 하면
때는 이미 너무 늦다

벽난로에 장작을 태워 따뜻하게 불을 지필 때
굴뚝에서 새어 나오는 연기가 다시 돌아가지 못하듯
사라지고 말 인생

파도가 짊어진 물거품의 마지막 운명을 보며
자연에는 가역과 비가역이 혼재되어 있어도
부활이란 단어를 종일 붙들고 씨름해 본들 알 수가 없구나

삶과 죽음의 경계선을 마음대로 왕래할 수 있는 것은
인간의 몸을 빌린
생명의 주권을 가진 신神의 아들만이 가질 수 있는 특권인지
모른다

파선 지경에 있는 배에서
선원船員 모두가 잠에 취해 있을 무렵
함께 탄 성스러운 자를 깨워 걱정을 말했을 때
그가 일어나
거친 광풍의 이빨에 찢기고 있는 파도를 꾸짖으며
내뱉은 한마디
'잠잠하라!'
모든 영혼은 고요 속으로 빠져들었다

참으로 허망하여 이해하기 어려웠다
바다는 양심도 생각도 없을 뿐 아니라
언어나 말을 할 수 있는 입이나
명령을 들을 수 있는 귀가 없지 않은가?

오, 내 속에 잠자는 파도여!
눈을 들어 밤하늘의 별을 보자!
별들이 어둠을 쫓아내기보다
영롱한 빛으로
바다의 품속에 안기기를 원하고 있지 않는가!

별들이 바다에 내려 사라진다 해도 억울해하지 않을 것이다
우리는 사랑하는 사람을 위해 무엇을 하며 살아왔을까?
정열일까? 노래일까?
인간의 의무조차 잘 이행하지 못하는 우리가
어찌 사랑이 남긴 그리움까지 알 수 있을까?

멀리서 밀려오는 파도가
우리의 가슴까지 다가오는 동안
많이 찢기고 뜯긴 몸으로
아픔을 참고 살아오지 않았겠나!

오, 나의 사랑하는 파도여!
우리가 넓은 가슴으로
서로를 안을 수 있는 환희의 시간이 도래하고 있구나!
머물 곳이나 쉴 곳 없어
파도가 물거품이 되어 외롭게 사라질 때도
우리가 고독 속에서도 사랑을 표현할 수 있을까?

지금까지 간직해 온 그리움이 아픔으로 다가오면
모든 것을 내려놓고
거센 파도가 되어
바다 위를 자유롭게 떠다닐 수 있을까?

파도가 바람을 타고
일어나다 쓰러지며
쓰러지다 일어나
태양 빛에 헐어버린 상선商船들의 깃대를 겨우 붙들고
찢긴 깃발을 흔들며
구원을 외치는 소리가 들리지 않는가?

성스러운 자의 눈에만 보이는 파도여!
찢겨진 하얀 머플러를 목에 두르고
나에게로 오라

신神은 태초 이전에
최초의 혼돈을 통과하면서
창조에서 섭리를 끄집어내고
덧붙여 자연의 법칙을 만들지 않았던가!

그 질서 속에서 우리는 사라질 파도의 물거품이 되더라도
초로草露같은 인생의 몸으로

영원한 안식처가 있는 곳을 향해
희미하게나마 인지하며 살고 있지 않은가!

지극히 불안한 존재로
더는 머물고 싶지 않는 이 바다
여기에서 지어 입은 옷을 벗고
그리움이 사는 곳으로
파도 따라 돌아가고 싶다

제4별곡: 너를 가슴에 안고

광안리 해변을 거닐던 날
파도 소리가 봄을 깨우고
바다가 쏟아내는 에메랄드 빛깔이
너의 치마에 스며들어 시詩가 되었다
반짝이는 은파가 별이 되어 다시 하늘에 오를 즈음
설렘으로 몸부림치는 모래 위를 걷는 너를 보았다

해변의 빌딩에
창 틈으로 스며드는 계절의 온기를 받아들이려는
나의 망설임은
몸속 은밀한 곳에서 들려오는 파도 소리
신경세포가 혼란을 겪기 시작했다

봄을 스치며 꽃을 피우고
숨 가쁘게 맞이하는 싱그러운 여름
너는 가슴을 열어 기막힌 사랑을 해 보았는가?

창문을 활짝 열어젖히고
사랑에 갈지자를 걸으며
흥얼댄다면
슬픔으로 오염된 늪이 너를 기다리고 있을 테지

쉽게 타버리고 빨리 차갑게 굳어버리는 습성에
계곡 따라 흐르는 물이 여행을 멈추고
악몽에서 깨어나야 할 나무의 새순조차 가쁜 숨을 몰아쉬어야 할
고통 속에서 헤매게 된다면
밤마다 부를 노래가 통곡으로 변하지 않을까?

욕정에 시달려
한곳에 오래 머물기 힘든 병을 앓아
이 가슴, 저 가슴을 쉽게 건너다닐 때
한겨울과 같은 몸뚱이 속에서
그 달콤한 육체에 대한 사랑을 옳게 느끼지 못 함을 알게 되리라

금단의 열매!
우리가 얼마나 먹고 싶은 유혹의 열매가 아니었던가?
미감味感을 느낀 후에 받아야 할 징계로
'분사하는 힘'에다 '사랑'이라는 단어를 덧씌워

경쟁이라도 하듯이
고통을 이어갈 씨앗을 뿌려야 했다

여인은 욕정에 빼앗긴 기력이 다 소진되기 전
결국 육신을 몸 속으로 쉽게 받아들이는 것은
체념일까 달관의 경지에 오른 걸까

삶에 지친 여인의 속살이 간음에 내비치는 찰나
끌려온 여인
에워싼 사람들 중 나도 위선의 돌을 던질 수 없었다

너를 그리워할 때마다
가슴 치며 애통해 해도 전달되지 못하는 마음
공허 속에서
눈물조차 메말라버릴 울음을 억눌러도
재회의 간절함이 시리도록 애처롭다

나의 궤적軌跡을 가로질러
어느새 발 앞에 늦겨울이 소리 없이 다가와
차가운 냉기에 얼어붙어 발걸음을 뗄 수 없다

육신이
세월에 허물어져 내리는 소리를 듣지 못하고

바쁘게 사느라
현실을 망각케 하는 주술 같은 비합리적 믿음에서
흐르는 시간의 물결 따라
회한悔恨에 젖게 된다

경이롭고 아름답던 가을이건만
하나 둘 낙엽 되어 떨어지는 친구들을 보고
누군들 어찌 탄식하며 서러워하지 않을 수 있을까?

삶 속에서 깨어진 거울
조각을 맞추어도 어긋나게 보일 뿐
사물의 근본을 오판할 미혹迷惑의 눈으로 본다면
우리는 대체 무엇을 보게 되는 것일까?

황혼에 놀라 구부렸던 허리를 펴보니
여태껏 지녔던 꿈들은 찢어져 낙엽 따라 흩날리고
차가운 바람이 나무의 옷을 억지로 벗기고 있는데
궁예의 관심법이나 천리안으로도 세월의 마음을 읽을 수 없고
다정스런 애정의 향기를 음미하고픈 갈망만
가지에 애잔히 남아 있을 뿐이다

오, 사랑과 미움, 슬픈 상처와 깊은 오뇌懊惱의 갈등이
심장의 고동을 멈추게 한다면
죽음은 빛이 없는 검은 촛불을 켜지 않을까?

사랑하는 이가 이해할 때까지 애태우며
울부짖는 고뇌 속에
부끄러움과 조롱을 띤 언어들과 만나도
밤이 되면 기어코 한 몸이 되어 레테(Lethe)의 강물로
갈한 목을 축이며
운명의 강을 건너기 위해 함께 배를 타겠지

아직 우리에겐 즐겨야 할 시간이 필요한데
행여, 가슴에 묻어둔 아픔이 아직 있다면
소지燒紙처럼 태워버리자

가난한 나의 품에 안기더라도
낙원 같은 평안으로 당신의 순백한 마음은
꺼지지 않는 영광의 불씨가 되어
미래로 걸어오는 사람에게 남겨주게 되리라

우리가 갈구하던 영원한 사랑은
별들을 빛나게 하고
흰 구름은 침울한 달빛을 가려
너를 가슴에 안고
외롭게 묻힌 영靈들의 무덤을 열어
부활로 발길을 옮기게 할 것이다

저자약력 ››

우전雨田 최원철

〈자연과학 분야 약력〉

* 독일 카이젤슬라우테른 대학교 박사학위 취득 (자연과학 박사: Dr.rer.nat.)
* 대구대학교 재활과학연구소 소장서리
* 미국국립보건연구소(NIH) Associate Scientist로 근무
* 부산대학교 국제학술교류위원회 위원
* 부산대학교 발전계획위원회캠퍼스 종합분과 위원회 위원
* 미국식품의약국 (US FDA/CDER) Senior Scientist로 근무
* 부산대학교 여성연구소 운영위원
* 부산대학교 환경문제연구소 연구원
* 사단법인 부산노화문제연구소 소장 (부산광역시와 협동)
* 사단법인 환경관리시스템연구센타 이사장
* 환경부 중앙환경보전자문위원회 환경기술지원분과위원회 위원
* 사단법인 한국노화연구소 소장 및 이사
* 부산대학교 생물기술연구소 소장
* 천연물신약연구개발 정책 심의회 위원
* 부산대학교 공과대학 가야벨리추진단 실버산업분과위원
* 해양수산부 2002년도 해양생물 유래 유용신물질 연구개발사업 공개 대면평가위원
* 해양수산부 수산연구조정위원회 위원 및 생명공학분과 위원

* 해양수산부 2003년도 해양생물 유래 유용신물질 연구개발사업 공개 평가위원
* 부산대학교 해양생물기술연구소 소장
* 부산대학교 & 부산광역시-(사) 한국노화연구소 소장 및 이사
* 부산대학교 정년퇴직(2009년 2월) 및 현, 부산대학교 명예교수

자연과학 분야 논문 및 저서 :

A. 주요 논문: 144편
Choi, W.C. Die funktionelle Differenzierung der telotrophischen Ovarien bei *Gerris najas* DEG: Ultrastruktur, DNA- und RNA-synthese. Dissertation, University of Kaiserslautern, West Germany, 1977. (독일, 박사학위 논문) 외 143편

B. 학술대회 발표:
ⓐ 국내 학술대회발표: (35건), ⓑ 국외 학술대회발표: (10건)

C. 주요 저서 (과학 분야 교과서): 7건 (공저)

D. 연구보고서: 11건
해조류 및 해면으로부터 노화억제제 개발 외 10건

E. 국내 특허: 8건

〈문학 분야 약력〉

* 독일 카이젤슬라우테른 대학교 자연과학박사학위취득 (1977년 2월)
* 영남일보 천자시평 집필위원(1978년 11월)

* 부산대학교 자연과학대학 교수 (1977년 3월 - 2009.년 2월)
* 미국국립보건연구소(Associate Scientist) 근무
* 미국식품의약국(US FDA/CDER) Senior Scientist로 근무
* 문예시대 및 문예한국 시 분야 등단 (1996~7년)
* 부산광역시 문인협회 회원 (1997년~현재까지) 및 이사
* 부산광역시 시인협회 회원 및 이사 및 수석부회장 역임
* 부산대학교 자연과학대학 교수 정년퇴직 (2009년 2월 28일)
* 옥조근정훈장 수상(제44121호, 2009년 2월 28일, 대통령)
* 현 부산대학교 명예교수
* 국제펜클럽 한국본부 이사 (2009년 3월 9일 ~ 2017년 3월)
* 수필시대 등단 (수필시대 통권28호, 2009년 9월)
* 제11회 문예시대 작가상 수상(2009년 12월 7일)
* 제12회 공무원 연금수필문학상 수상(동상, 2013년)
* 예술활동증명승인 (한국예술인복지재단, 2013년 10월 30일)
* 새부산시인협회 문학상 부산시인상 수상(2014년 11월 1일, 제28회 한국 시의 날)
* 새부산시인협회 예술 분과 위원장(2014년 3월)
* 한국 동서문학: 을숙도 문학상 운영위원(2015년 1월)
* 국보문학 대상(2015년 12월 5일)
* 국제펜클럽 한국본부 자문위원 (2017년 3월 ~ 2020년 12월)
* 부산문학상 대상(2017년 9월 22일)
* 천성문학상 대상(2021년 11월 6일)

시집:

① 그리움이 진하여 눈물이 될 때 (제1집) (일광출판사) pp. 118, 1996년 9월 15일 발행

② 기막힌 일 당하거든 (제2집) (새남도서출판) pp. 157. 1997년 6월 10일 발행

③ 비 오는 날 누구와 만나도 사랑하게 된다 (제3집) (세상속으로: 도서출판 위저드) pp. 113, 1999년 3월 27일 발행

④ 그리움에 널 그리며 (제4집) (금영에드킴) pp. 111, 2000년 9월 4일 발행
⑤ 피안의 섬 (제5집) (디자인세상), pp. 242, 2009년 2월 26일 발행 - 문예시대 작가상 수상
⑥ 어느 고목의 독백 (제6집, 한영대역) (도서출판 푸른별) pp. 385, 2010년 4월 10일 발행 - 2010년 5월 19일 제27차 영광문학 토론회 (부산문인협회)
⑦ 깍지 속 콩순이 (제7집, 한영대역) (도서출판 두손컴) pp. 175, 2011년 6월 20일 발행
⑧ 산에도 들국화가 있더라 (제8집, 한영대역) (도서출판 두손컴) pp. 175, 2013년 6월 15일 발행
⑨ 시간의 조각들 (제9집) (도서출판 두손컴) pp. 175, 2014년 8월 15일 발행
⑩ 사랑에 그을린 태양 (제10집, 한영대역) (도서출판 작가마을) pp. 175, 2016년 5월 30일 발행
⑪ 바다의 랩소디 (제11집, 한영대역) (한국문학방송.com) pp. 217 2017년 4월 1일 발행
⑫ 노란 앵초꽃 (제12집) (다솜출판사) pp. 189, 2017년 7월 7일 발행
⑬ 연분홍 아가서雅歌書 (제13집, 한영대역) (다솜출판사) pp. 277, 2018년 4월 10일 발행
⑭ 기도하는 개망초 (제14집) (다솜출판사) pp. 171, 2020년 4월 20일 발행
⑮ 수평선을 바라보는 노 선장 (제15집) (다솜출판사) pp. 176, 2020년, 12월 11일 발행
⑯ 붓꽃으로 다가온 당신 (제16집, 한영대역) (다솜출판사) pp. 317, 2021년 1월 11일 발행
⑰ 발자취의 노래 [적가跡歌] (제17집) (다솜출판사) pp. 97, 2022년 6월 26일 발행

*** 참고: 한국문학방송 전자책 출간**

ⓐ 깍지 속 콩순이 (한국문학방송.com) 2012년 7월 25일
ⓑ 어느 고목의 독백 (한국문학방송.com) 2013년 2월 25일
ⓒ 사랑의 판타지 (한국문학방송.com) 2013년 2월 25일
ⓓ 사랑의 허상 (한국문학방송.com) 2013년 2월 25일
ⓔ 바다의 랩소디 (한국문학방송.com) pp. 217 2017년 4월 1일 발행
ⓕ 수평선을 바라보는 노 선장 (한국문학방송.com) pp. 159, 2021년 7월 5일 발행
ⓖ 발자취의 노래 [적가跡歌] (한국문학방송.com), 2022년 7월 발행

발자취의 노래[跡歌]

2022년 6월 15일 인쇄
2022년 6월 20일 발행

지은이 | 최원철
펴낸이 | 박중열
펴낸곳 | 다솜출판사
부산광역시 중구 대청로 135번길 10-1
TEL.(051)462-7207~8 FAX. 465-0646
등록번호 1994년 4월 22일 제2001-000001호

정가 12,000원

ISBN 978-89-5562-716-9 03810